Bernhard Ka

Küche Créole

Exotische Gerichte und mehr…

Impressum

©2013 Bernhard Ka
Küche Créole
Co/Autorin/Kochrezepte
Shirl Ka-Léonide
Poulet au lait de coco
de Suzi
Roti Poule
de Mama Ros'
Umschlag- und Buchgestaltung
Ernst Haft
Kontakt
www.bernhardka.com
ISBN 9783732278312
Herstellung und Verlag
BoD-Books on Demand, Norderstedt

Inhalt

Vorwort	*5*
Vorspeisen	*9*
Salate, Beilagen	*19*
Soßen, Dips	*33*
Gemüse	*43*
Fisch	*53*
Geflügel	*61*
Fleisch	*75*
Dessert	*83*
Extras	*93*
Nachwort	*99*

Vorwort

Liebe Freunde des guten Geschmacks und des gesunden Essens,
wenn sie gerne kochen, würziges und pikantes Essen mögen, dann haben sie sich für das richtige Buch entschieden.
Ich werde ihnen spezielle, kreolische Gerichte aus Mauritius vorstellen.
Speziell sind sie aus dem Grund, weil sich auf Mauritius die kreolische Küche durch zahlreiche Komponente entwickelt hat.
Kreolen sind die Nachfahren der Schwarzafrikaner, die in der alten Welt verschleppt und als Sklaven gehalten wurden.
Die kreolische Küche ist regional unterschiedlich, zeichnet sich aber grundsätzlich durch eine Hauptkomponente aus, nämlich der afrikanischen Esskultur, die sich durch aromatische Gewürze auszeichnet.
Ein typisch afrikanisches Gericht beinhaltet Gewürze wie Cayennepfeffer, Thymian, Kurkuma, Chili, Ingwer, Zitronengras, um nur einige zu nennen.
Traditionell bestehen die Hauptzutaten aus Mais, Hirse oder Maniok, nebst Blattgemüse wie wilder Sesam, Baobabblätter, Juteblätter, Morogo, Kalembula oder Mukusule (wild wachsende Pflanzen), sowie Radieschen, Kohlrabi, Tomaten, Randen und Kürbisblätter.
Als Fleisch wird hauptsächlich gekochtes oder gebratenes Huhn, an der Küste wird überwiegend Fisch dazu gegessen. Wenn das finanzielle Budget es zulässt, wird auch Lamm oder Rind zubereitet.

Fleisch spielt aber eher eine untergeordnete Rolle in der traditionellen afrikanischen Küche.
Es wurden nach dem Ende der Sklaverei, indische Tagelöhner nach Mauritius geholt.
Sie brachten als Grundnahrungsmittel den Reis und das Fladenbrot mit ins Land.
Ihre Gewürze Curry, Knoblauch, Koriander und Kardamom flossen perfekt in die kreolische Küche mit ein.
Als letzte Volksgruppe kamen chinesische Kaufleute nach Mauritius. Sie brachten ihre Suppen, Nudeln, Soja, Bambus und Pilze mit.
Zusammen mit dem französischen Essen, das durch die Kolonialherrschaft vorhanden war und aus den zwei wichtigen Bestandteilen Kartoffeln und Weißbrot bestand, entwickelte sich in Mauritius ein großer Tiegel von Esskultur, in der sich viele verschiedene Kulturen vereinten, wodurch im Laufe der Zeit, eine sehr abwechslungsreiche, exotische, kreolische Küche entstanden ist.
Ich hatte das große Glück, auf einer Reise nach Mauritius meine wunderbare Frau Shirley kennenzulernen. Sie ist nicht nur ein sehr liebenswerter Mensch, sondern auch eine außergewöhnliche, hervorragende Köchin. Leider hatte sie nicht die Möglichkeit diesen Beruf zu erlernen. Ihre ungewöhnliche Kochkunst hat sie sich im Laufe ihres Lebens selbst beigebracht.
Das Geheimnis ihrer Kochkunst ist die Liebe und Leidenschaft, mit der sie kocht und gleichzeitig das damit verbundene Interesse für Gewürze und Speisen.
Sie ist eine Jongleurin der Zutaten. Aus ihr sprudeln ständig neue Ideen, Gewürze und Kräuter spielerisch miteinander zu verbinden.
Dieses Buch ist meine Hommage an ihre Kochkunst.

Ich wünsche ihnen viel Erfolg bei der Zubereitung der Gerichte und vor allen Dingen sinnliche Genüsse beim Verzehr der köstlichen Speisen.
Um eine ständige Wiederholung zu vermeiden, gebe ich Folgendes vor:
Knoblauch u. Ingwer werden immer geschält verarbeitet u. mit einer Prise Salz u. Zucker im Mörser zerstampft. Die Menge des Ingwers entspricht in etwa die Größe des ersten Daumengliedes (+/-).
Die Kräuter u. Chilischoten werden immer frisch u. klein gehackt beigegeben. Wer es nicht so scharf mag, sollte statt Chilischoten lieber Peperoni dazugeben. Salz u. Pfeffer ohne Angabe nach Bedarf abschmecken.
Viele Gerichte können auch am kalten Büffet u./o. mit Baguettebrot serviert werden.

Vorspeisen und Snacks

Salade de thon à l'avocat
(Avocadococktailsalat mit Thunfisch)

Dieser Cocktailsalat eignet sich sehr gut als Vorspeise. Hierbei kommt es darauf an, eine besonders schmackhafte Mayonnaise selbst zuzubereiten.

Zutaten
Für 6 Personen

1 Kopfsalat, 3 Tomaten, 1 große Zwiebel, 2 reife Avocados, 2 Büchsen Thunfisch, 300 g Mayonnaise, Salz, Pfeffer.

So viele Salatblätter abbrechen, um einen großen Teller üppig zu bedecken. Die Blätter gründlich waschen und trocknen. Anschließend auf dem Teller gleichmäßig verteilen. Die Tomaten in Scheiben schneiden und auf den Salat legen. Mit etwas Salz und Pfeffer bestreuen. Die geschälten, entkernten und in Stücken geschnittenen Avocados als nächste Schicht auflegen. Danach die Avocados mit dem Thunfisch belegen und die in Ringen geschnittene Zwiebel auf dem Thunfisch verteilen. Abschließend mit Mayonnaise gleichmäßig bedecken.

Tipp: Mit frischem Baguettebrot und einem Glas trockenen Weißwein servieren.

Salade Poisson
(Fischsalat)

Durch die Beigabe von frischem Koriander erhält dieser Salat eine besondere delikate Note und wird den Gaumen ihrer Gäste überraschen.

Zutaten
Für 4 Personen

400 g Pegasius-/Kabeljaufilet, 1 große rote Zwiebel, 1 große Tomate, 1 Chilischote, 5 Stängel Koriander, 1 unbehandelte Zitrone, Öl, Salz, Pfeffer.

Den Fisch salzen, pfeffern und von beiden Seiten kurz anbraten. Danach den Fisch mit den Händen grob zerkleinern und in eine Salatschüssel geben.

Die Tomate grob und die Zwiebel in dünne Ringe schneiden u. mit der Chilischote u. dem Koriander dem Fisch beigeben.

Von der Zitrone die Schale abreiben, den Saft auspressen u. zum Fisch geben. Mit Salz, Pfeffer abschmecken u. alles vermengen. Abschließend mit dem Bratenöl übergießen.

Tipp: Kann als Beilage zu allen Reisgerichten serviert werden.

Lefoie frire
(Marinierte Leber)

Dieses Gericht ist eine Besonderheit der kreolischen Küche. Es wird den Gästen mit Baguettebrot zum Aperitif gereicht.

Zutaten
Für 4 Personen

500 g Leber nach Wahl, 1 Gemüsezwiebel, 2 Chilischoten, Ingwer, ½ TL Zimtpulver, ½ TL Nelkenpulver, 3 Zehen Knoblauch, 1 TL Zucker/Honig, 3 EL Sojasoße, 4 Stängel Petersilie, Pfeffer, Öl.

Die Leber in Streifen schneiden und in eine Schale füllen. Die Zwiebel grob schneiden und mit dem Knoblauch, Ingwer, Zimt, Nelken, Zucker/Honig, Sojasoße, Pfeffer beigeben und vermischen. Die Leber in der Marinade 30 Min. ziehen lassen.
Öl in der Pfanne erhitzen und die Chilischoten kurz anschmoren. Die Leber mit der Marinade beigeben, und bei ständigem Anrühren 10 Min. braten.
Tipp: Vor dem Servieren mit Petersilie bestreuen.

Gâteau Légume
(Gemüse fritiert)

Dieser vegetarische Snack ist eine Köstlichkeit und ein Höhepunkt bei jeder Party. Eine vorzügliche Alternative statt Chips und Erdnüsse.

Zutaten
Für 6 Personen

Gemüse nach Wahl (Aubergine, Weißkohl, Blumenkohl, Kartoffel), 1 Kg Mehl, 1 TL Backpulver, 1 TL Salz, ½ TL Zucker, 1 Zehe Knoblauch, ½ Bund Schnittlauch, ½ L Pflanzenöl.

Das Gemüse in Scheiben bzw. Stücke schneiden, (Kartoffel vorher schälen), den Weißkohl fein klein schneiden. Das Mehl, Backpulver, Zucker, Salz und den Knoblauch in eine Schüssel geben und mit Wasser anmischen, bis ein dickflüssiger Teig entsteht. Den Schnittlauch unterheben. Das Speiseöl in der Friteuse/kleinen tiefen Topf erhitzen.

Mit einem Löffel das Gemüse in den Teig tauchen und anschließend in das heiße Öl geben. Solange fritieren, bis der Teig goldbraun geworden ist.

Während des fritieren, das Öl auf mittlerer Hitze senken.

Tipp: Wenn sie den Weißkohl zum Schluss fritieren, können sie eine Prise gemahlenen Kümmel dem Teig beigeben. Mit Koriandersoße servieren.

Gâteau Piment
(scharfe Gemüsebällchen)

Diese Spezialität wird ausschließlich aus gelben Linsen zubereitet. Sie erhält eine pikante Note durch die Beigabe von Chilischoten. Eine schmackhafte Zwischenmahlzeit für den kleinen Hunger zwischendurch.

Zutaten
Für 6 Personen

250 g Gelbe Linsen, 1 altes Brötchen, 1 TL Salz, 1 Chilischote, 3 Stängel Minze, 1 Zweig Curryblätter, 2 Stangen Zwiebellauch, 1 TL gemahlenen Kreuzkümmel, ½ L Pflanzenöl zum Fritieren.

Die Linsen über Nacht in Wasser einweichen.
Das Wasser abgießen und die Linsen in einen Mixer zu einer Paste pürieren. Das Linsenpüree in eine Schüssel füllen. Das zerkleinerte Brötchen und die fein geschnittenen Zutaten untermischen. Mit Salz und Kreuzkümmel abschmecken. Jetzt den Teig ca. 30 Min. ruhen lassen.
Das Öl in der Friteuse/kleinen Topf erhitzen. Mit zwei Löffeln/mit den Fingern eine Kugel formen und in das Öl geben. Solange fritieren, bis das Gemüsebällchen goldbraun geworden ist.
Tipp: Ebenfalls mit Koriandersoße servieren.

Samousa
(gefüllte Teigtaschen)

Eine Spezialität in Mauritius, die ursprünglich aus Indien kommt und an jeder Straßenecke verkauft wird. Sie eignet sich bestens als kleiner Imbiss vor der eigentlichen Hauptmahlzeit.

Zutaten
Teig für 20 Stk.

1 Zwiebel, 2 große Kartoffeln, 1 Mohrrübe, 1 Stange Porree, kleine Dose Erbsen, frischer Koriander, 2 Zehen Knoblauch, Stück Ingwer, Öl, Salz, Pfeffer, 2 TL Currypuder, 5 Curryblätter, Mehl, Wasser.

Die Füllung
Kartoffel Curry

Die geschnittene Zwiebel mit Öl in der Pfanne anbraten, Knoblauch und Ingwer mit mittelscharfem Curry beigeben und kurz dünsten. Das kleingeschnittene Gemüse mit den Curryblättern, Salz, Pfeffer und einer halben Tasse Wasser dazugeben und bei mittlerer Hitze 20 Min. köcheln lassen. Zum Schluss mit frischem Koriander abschmecken.

Man kann natürlich auch Fleisch o. Fisch mit anbraten, ihrer Fantasie sind da keine Grenzen gesetzt.

Der Teig
3 Tassen Mehl, 1 TL Salz, warmes Wasser.

Das Mehl, Salz und Wasser zu einem Teig kneten und etwa 5 cm große Kugeln daraus formen, mit Öl einreiben und mit einer Teigrolle zu einem ca. 25 cm großen Fladen ausrollen. Auf einer flachen Pfanne die Fladen nach und nach ausbacken. Anschließend die Fladen in 5 cm breite, längliche Streifen schneiden und mit der Füllung zu kleinen Dreiecken formen. Abschließend in heißem Öl ausbraten.

Tipp: *Ein Mix aus Joghurt, frischer Minze, Knoblauch, Salz, Pfeffer und Zwiebel im Mixer pürieren und als Beilage zu den warmen oder kalten Samousas servieren.*

Salate und Beilagen

Satini pomme d'amour
(Tomatensalat - Chutney)

Diese Variante eines Tomatensalats hebt sich besonders durch die Zugabe von frischem Koriander hervor.

Zutaten
Für 4 Personen

4 mittelgroße Tomaten, 1 Zwiebel, 1 Chilischote/Peperoni, 1 Bund Koriander, Salz.

Die Tomaten und Zwiebel in kleine Würfel schneiden. Die Chilischote und den Koriander zu den Tomaten geben und mit Salz abschmecken.

Tipp: Zu allen Reisgerichten als Beilage o. auf heißen Baquettebrot mit Knoblauch servieren.

Salade Crudité
(Rohkostsalat)

Hier vereinen sich die Gemüsesorten zu einer Sinfonie von würzigen - fruchtigen Geschmack.

Zutaten
Für 4/6 Personen

300 g Weißkohl, 4 Karotten, 1 Gurke, 2 Roten-Bete, 1 Tomate, Petersilie.

Das Gemüse waschen, putzen, die Gurke schälen. Anschließend alles Gemüse in Streifen raspeln und auf einen Teller separat anordnen. Die Tomaten schneiden und mit Petersilie dekorieren.

Tipp: Hervorragend fürs Barbecue geeignet.

Salade Concombre
(Gurkensalat)

Die Mischung von Gurke, Karotten, Minze und Koriander offenbart ein exotisches Zusammenspiel von süßer - saurer und herber Frische. Als Beilage zu allen stark gewürzten Gerichten empfohlen.

Zutaten
Für 4 Personen

1 Gurke, 250 g Karotten, ½ Bund Koriander, ½ Bund Minze, 1 mittelgroße Zwiebel, 2 EL Öl, 1 EL Essig, Salz, Pfeffer.

Die Gurken und Karotten schälen und in Streifen reiben. Die Zwiebel in Ringe schneiden. Den Koriander und die Minze zusammen mit dem Öl und Essig in einer Schüssel vermischen. Mit Salz und Pfeffer abschmecken.

Tipp: Zum Briani/Reiseintopf servieren.

Satini Thon
(Thunfischsalat)

Ein schnell zubereiteter Imbiss, wenn unerwartet Gäste kommen. Mit frischem Baquettebrot und einem Glas Weißwein ein gelungener Gaumenschmaus.

Zutaten
Für 4 Personen

2 Büchsen Thunfisch, 1 große Zwiebel, 1 große Tomate, 2 Zehen Knoblauch, 2 Chilischoten, 3 Stängel Petersilie, 1 TL heller Essig, 1 EL Öl, Salz, Pfeffer.

Den Thunfisch abgetropft u. zerkleinert in eine Schüssel füllen. Zwiebel, Tomate klein schneiden u. zusammen mit der Chilischote, Petersilie, Knoblauch zum Thunfisch geben. Öl, Essig, Salz, Pfeffer beigeben und alles gut vermengen.

Tipp: Zu allen Gemüsegerichten als Beilage o. zum kalten Büffet servieren.

Satini Poisson salé

(trockener Fischsalat)

Für uns Mitteleuropäer ein eher ungewohnter Verzehr dieser Art von Fisch. Sie werden feststellen, dass der Geschmack durchaus deliziös ist, wenn sie ihn in Verbindung mit einem Reisgericht essen. Zusammen mit grünem Gemüse (Spinat, Grünkohl, Mangold) gebraten eine wahrhaft kreolische Spezialität.

Zutaten
Für 4 Personen

300 g getrocknetes Fischfilet, 1 große Zwiebel, 2 mittelscharfe Chilischoten, 3 Tomaten, 2 EL Öl, 1 TL Essig/Zitronensaft, Zucker, Salz.

Den Fisch 5 Min. im Wasser kochen, Wasser abgießen, den Fisch enthäuten, Gräten entfernen, zerkleinern und anbraten. Die Zwiebel, Tomaten u. Chilischoten fein schneiden und in eine Schüssel füllen. Den Fisch mit dem Bratenöl dazugeben und mit einer Prise Zucker, Salz, Essig/Zitronensaft abschmecken und gut vermengen.

Tipp: Zu Linsen mit Reis servieren.

Salade pomme de terre á la créole
(Kreolischer Kartoffelsalat)

Ein Kartoffelsalat der durch die Komponente von Roten-Bete und Karotten eine leicht süßliche Variante erfährt, durch die Opposition von Zwiebel und Pfeffer aber Schärfe einfließen lässt.

Zutaten
Für 4/6 Personen

1 Kg Kartoffeln, 2 Roten-Bete, 4 Karotten,
2 Zwiebeln, ½ Bund Petersilie, 3 Eier,
Salz, gemahlener Pfeffer, 2 EL Rotweinessig,
150 ml Speise-/Olivenöl.

Das Gemüse mit den Eiern zusammen in einen Topf 20-25 Min. kochen. Die Zwiebeln nicht mitkochen.
Nach dem Kochen, die Eier und das Gemüse abschälen und zusammen mit der Zwiebel in Scheiben schneiden. Alles in eine Schüssel füllen. Öl und Essig dazugeben. Mit Salz u. Pfeffer abschmecken.
Die Petersilie darüber streuen.
Tipp: Zur Grillparty servieren o. fürs kalte Büffet.

Salade de Riz
(Reissalat)

An heißen Sommertagen ein erfrischender Salat fürs Picknick, der durch seine vielfältigen Zutaten den Gaumen zu erhöhter Geschmackssensibilität anregt.

Zutaten
Für 6 Personen

300 g Reis, 1 grüne u. rote Paprika, 2 Eier, 1 Zwiebel, 1 Gurke, 200 g Mais, 2 Stangen Zwiebellauch, 2 Delikatessgurken/1 EL Kapern, ½ Bund Petersilie, 50 g grüne u. 50 g schwarze Oliven, 150 g Gouda, 1 Büchse Thunfisch, 200 ml Spice-Dressing.

Den gekochten Reis (1 Teil Reis – 2 Teile Wasser) in eine Schüssel füllen. Die geschälte Gurke, die hart gekochten Eier, Käse, Delikatessgurken, Paprika, Zwiebel und den Zwiebellauch klein schneiden und mit dem Mais u. den Oliven zum Reis geben. Mit Salz u. Pfeffer abschmecken und alles gut miteinander vermischen. Abschließend das Dressing unterheben und die Petersilie darüber streuen.
Tipp: *Fürs kalte Büffet o. zur Grillparty servieren.*

Koutcha Mangues

(Unreife Mangos in Öl eingelegt)

Wer gerne Mangos isst, wird von dieser Art Zubereitung begeistert sein. Die Mischung aus süß-sauer-scharf in Verbindung mit herben Gewürzen und dem fruchtigem Einfluss der Mango ist ein kulinarischer Genuss für jeden Gourmet.

Zutaten
500 g Koutcha

3 unreife Mangos, 1 Tasse Öl, 2 EL gemahlene schwarze Senfkörner, ½ TL gemahlenen Bockshornkleesamen (Methi), 1 EL Kurkumapulver, 3 scharfe/milde grüne Peperoni, 3 Zehen Knoblauch, Salz,

Die Mangos abschälen und grob reiben, den Saft mit den Händen auspressen. Die Peperoni in feine Streifen schneiden, den Knoblauch im Mörser zerstampfen. In einem Topf das Öl stark erhitzen, Feuer abstellen und das Öl einen Moment abkühlen lassen. Knoblauch, Peperoni, Senfkörner und Kurkuma in das Öl geben, mit Salz abschmecken und anschließen die geriebenen Mangos untermischen.

Wenn alles abgekühlt ist, in ein Glas füllen und verschließen. Im Kühlschrank kann das Koutcha drei Wochen aufbewahrt werden.

Tipp: Kann zu allen Reisgerichten als Beilage serviert werden.

Achards Mangues
(Unreife Mangos in Öl eingelegt)

Bei dieser Art der Zubereitung, werden die ganzen Früchte verarbeitet. Zusammen mit den Gewürzen und dem Öl hat diese Beilage eine pikante, würzige Note, die der Konsistent von Trockenobst ähnlich ist.

Zutaten
Für 1 Kg Glas

6 unreife Mangos, 2 Tassen Öl, 3 TL Kurkumapulver, 5 Zehen Knoblauch, 2 EL gemahlene schwarze Senfkörner, ½ TL gemahlenen Bockshornkleesamen (Methi), 3 scharfe/milde Peperoni, 1 TL Salz.

Die Mangos mit Schale in feine Streifen schneiden und mit dem Salz vermischen. Ein Tablett mit Papier auslegen und die Mangostreifen darauf verteilen, 2 Tage in die pralle Sonne legen oder im Backofen bei 80°C trocknen, bis sie handtrocken sind. In einem Topf das Öl stark erhitzen, Feuer abstellen und das Öl einen Moment abkühlen lassen. Knoblauch, Peperoni, Senfkörner, Kurkuma und zum Schluss die Mangostreifen in das Öl geben und vermischen. Danach alles in ein Glas füllen und verschließen. Wenn das Öl die Mangos nicht bedeckt, nochmals die fehlende Menge Öl erhitzen und hinzufügen.

Wichtig: *Die Mangos vollständig mit Öl bedecken damit sie lang aufbewahrt werden können.*

Tipp: *Beim Trocknen im Backofen, die Tür ein wenig öffnen, damit die Feuchtigkeit entweichen kann.*

Achards Légume
(Gemüse in Öl eingelegt)

Wenn sie Gemüse auf eine ganz andere Art zubereiten möchten, empfehle ich ihnen dieses Rezept zu probieren. Die Gewürze sind ausschlaggebend, eine besonders exotische Beilage zu kreieren.

Zutaten
Für 1 Kg Glas

300 g Weißkohl, 300 g Karotten, 200 g grüne Bohnen, 4 Zehen Knoblauch, 2 Chilischoten, 4 TL gemahlene schwarze Senfkörner, ½ TL gemahlenen Bockshornkleesamen (Methi) 2 TL Kurkumapulver, 1 Tasse Öl, 1 TL Salz.

Das Gemüse waschen, putzen u. in feine Streifen schneiden. In einem Topf ca. 3L Wasser erhitzen. Das Gemüse ins kochende Wasser geben u. 5 Min. bei zugedecktem Topf blanchieren. Danach das Gemüse mit dem Wasser durch ein Sieb schütten und abtropfen lassen. Im Topf das Öl nicht zu stark erhitzen. Den Knoblauch u. die restlichen Gewürze zum Öl geben u. vermischen. Abschließend das Gemüse zugeben, mit Salz abschmecken und gut vermengen.

Wenn das Gemüse abgekühlt ist, in einen verschließbaren Behälter füllen. Kann bis zu 3 Wochen im Kühlschrank aufbewahrt werden.

Tipp: Als Beilage servieren. Schmeckt hervorragend im frischen Baguettebrot.

Satini Coco
(Kokospaste)

Eine wahre Gaumenfreude für Gourmets, die den Geschmack der Kokosnuss schätzen, gemischt mit einer Nuance Schärfe und natürlicher Süße.

Zutaten
Für 6 Personen

Das Fruchtfleisch einer ganzen Kokosnuss, 2 Peperoni/1 Chilischote, 2 Zehen Knoblauch, 2 Zweige Curryblätter, ½ Zwiebel, ½ Bund Minze, ½ Tasse Öl/150 ml Kokosmilch, 1 TL Salz.

Die Kokosnuss öffnen, das Kokosfleisch entnehmen und grob durch eine Raspel reiben.
Anschließend mit allen Zutaten im Mixer pürieren, bis es eine feine Paste entsteht.
Wird die Paste beim Mixen nicht cremig genug, muss noch Öl o. Kokosmilch zugegeben werden.
Tipp: *Als Beilage speziell zu Linsen mit Reis oder Fischbouillon.*

Soßen und Dips

Poisson Grillé Marinade
(Marinade für Fisch zum Grillen)

Diese Marinade eignet sich hervorragend, um den Fisch einen delikaten Geschmack zu verleihen.

Zutaten
Für 1 kg Fisch

1 große Zwiebel, 2 EL Austernsoße, ½ TL Chilipulver/1 TL Sambaloelek, Ingwer, 2 EL Öl, Thymian, Salz, Pfeffer.

Das Salz mit einer Gabel in die fein geschnittene Zwiebel drücken. Die Zwiebel und den Ingwer anschließend mit den restlichen Zutaten in einer Schüssel verrühren. Mit Salz/Pfeffer abschmecken.

Den gesäuberten Fisch in eine Kasserolle legen und die Marinade darüber gießen. Wenn der Fisch 1 Std. in der Marinade gelegen hat, kann er gegrillt werden.

Tipp: Die Marinade kann auch für Fleisch genommen werden. Statt Ingwer ist es dann besser, 2 Zehen Knoblauch und 1 EL Senf dazuzugeben.

La Sauce L'Ail
(Knoblauchwasser)

Ein Wässerchen, das bei keinem Nudel- oder Reisgericht fehlen sollte.

Zutaten
Für 250 ml

3 Knoblauchzehen, 150 ml Wasser, 150 ml Reisessig/heller Essig, 1 TL Zucker, ½ TL Salz.

Den Knoblauch mit dem Wasser und Essig in einer Schüssel verrühren. Mit Salz/Zucker abschmecken.
Tipp: *Zur Verfeinerung des Geschmacks mit einem Löffel über Bratreis (Riz frit) o. Bratnudeln (Mine frit) träufeln.*

La Sauce Cotomili
(Koriandersoße)

Eine Soße, die im Europäischen Raum kaum bekannt ist. Der strenge Geschmack des frischen Korianders verleiht jeder Speise eine exotische Note.

Zutaten
Für 500 ml Soße

1 Bund Koriander, 2 große Tomaten, 1 Zwiebel, 3 Zehen Knoblauch, 2 – 3 milde grüne Peperoni, (wenn pikant) 1 scharfe Chilischote, 1 TL Zucker, ½ TL Salz.

Den Koriander als Erstes in den Mixer geben. Danach die Tomaten, Peperoni, den grob zerkleinerten Knoblauch, Salz u. Zucker. Die Zutaten solange mixen, bis sie fein püriert sind.

Tipp: *Die Soße zum Einstippen für Gâteau légume o. Gâteau Piment servieren.*

Vinaigrette
(Essigsoße)

Schnell zubereitet ist sie ein unverzichtbarer Genuss auf allen Rohkostsalaten.

Zutaten
Für 130 ml Soße

125 ml Öl, 2 EL Essig, 2 Zehen Knoblauch, Salz, Pfeffer, Zucker.

Das Öl u. den Essig in eine Schale füllen. Den Knoblauch u. eine kleine Prise Zucker dazugeben. Mit Salz u. Pfeffer abschmecken.

Spice-Dressing
(Salatsoße)

Diese einfach zuzubereitende Salatsoße kann zu allen frischen Salaten serviert werden.

Zutaten
Für einen Salat

1 EL Senf, 1 Schalotte, 1 Zehe Knoblauch, 2 EL Essig/Zitronensaft, 2 EL Öl, 1 EL Kräutermischung/Petersilie, Schnittlauch/Dill, Salz, Pfeffer, Zucker.

Die Schalotte fein schneiden. Zusammen mit Knoblauch, Senf, Öl und Pfeffer in eine Schüssel geben und gut verrühren. Abschließend den Essig/Zitronensaft mit den Kräutern untermischen. Mit Salz/Zucker abschmecken.

Tipp: Statt Senf kann auch Mayonnaise, Joghurt o. Sahne zugeben werden.

Sauce Piment Rouge
(Rote Chilipaste)

Wenn sie gerne ihre Speisen mit Chilipaste essen, dann sollten sie diese unbedingt selbst zubereiten. Diese beiden Rezepte werden sie entflammen.

Zutaten
ca. 200 g Paste

*200 g rote Chilischoten, 5 Knoblauchzehen,
½ Tasse Öl, ½ TL Salz, ½ TL Zucker.,*

*Die Chilischoten waschen und entstielen.
Den Knoblauch grob zerkleinert mit den restlichen Zutaten in einen Mixer geben.
Solange mixen, bis sich eine cremige Paste gebildet hat. In ein Glas füllen, zum besseren Konservieren mit Öl bedecken und verschließen.*
Tipp: *Eine leckere Variante ist, 100 g trockene Krabben unterzumixen, müssen aber vorher in Wasser eingeweicht werden.*

Sauce Piment Vert
(grüne Chilipaste).

Zutaten
Für 200 g Paste

200 g grüne Chilischoten, 1 Limette, Ingwer, ½ Tasse Öl, ½ TL Salz, ½ TL Zucker.

Ingwer u. Limette schälen und mit demselben Arbeitsvorgang fortfahren wie zuvor bei der roten Paste.

Tipp: *Um die Chilipaste länger haltbar zu machen, ist es ratsam, die Paste in einer Pfanne ca. 2 Min. aufzukochen.*

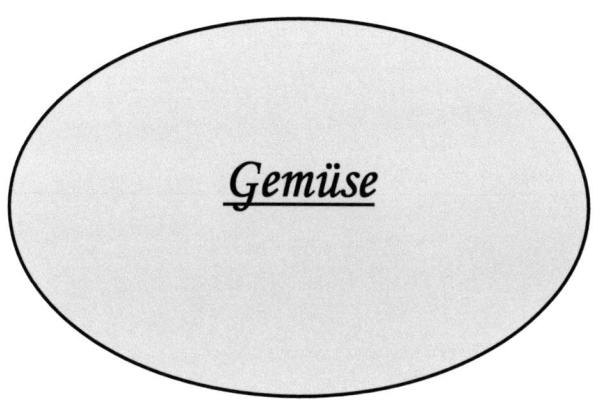

Gemüse

Fricascé Lentille noire
(veg. Linseneintopf)

Für alle Feinschmecker, die zur Abwechslung fleischlos essen möchten, ist dieser Linseneintopf ein Muss. Durch die extravagante Zubereitung, wird dieser Eintopf beim Verzehr zum wahren Hochgenuss.

Zutaten
Für 6 Personen

300 g braune Linsen, 2 Karotten, 2 Stangen Sellerie, 1 Stange Porree, ½ Paprika, 2 Tomaten, 1 große Zwiebel, 1 L Gemüsebrühe, 1 TL Knoblauch- und Ingwerpaste, Thymian und Petersilie, 3 EL Öl, Salz, Pfeffer, Koriander.

Die Linsen waschen und über Nacht einweichen. Alles Gemüse putzen und in Würfel schneiden. Die Tomate und Zwiebel getrennt aufbewahren. Ein Liter gekochtes Wasser mit 3 TL Gemüsebrühe anrühren. Öl im Topf erhitzen und die Zwiebel anbraten. Das geschnittene Gemüse, den Knoblauch und Ingwer mit Salz und Pfeffer dazugeben. 5 Min. dünsten. Dann die Tomate unterrühren und mit der Gemüsebrühe ablöschen. Danach die Linsen beigeben. Nach Geschmack mit Thymian, Petersilie, Salz und Pfeffer noch mal abschmecken und 1 Std. kochen. Vor dem servieren Koriander darüber streuen.

Tipp: Mit Satini Coco u. Reis servieren.

Carry gros pois
(weiße Bohnen in Curry)

Ein typisches mauritianisches Gericht, das durch die Beigabe von Curry eine orientalische Geschmacksrichtung einschlägt und ihre Geschmackssensoren aufs feinste sensibilisieren wird.

Zutaten
Für 6 Personen

300 g dicke, weiße Bohnen, 1 Bund Suppengrün, 1 Zwiebel, Ingwer, 3 Zehen Knoblauch, 2 Tomaten, Koriander, 1½ EL Currypulver, 2 Zweige Curryblätter, 1 L Gemüsebrühe, Salz.

Bohnen waschen und über Nacht einweichen. Alles Gemüse putzen und in Würfel schneiden. Ein Liter gekochtes Wasser mit 3 TL Gemüsebrühe anrühren. Die Bohnen durch ein Sieb schütten u. zusammen mit dem Gemüse, Salz in der Brühe kochen, bis die Bohnen weich sind. Die Zwiebel in einem Topf mit Öl glasig anbraten. Danach die Curryblätter mit dem Knoblauch/Ingwer u. den zerteilten Tomaten dazugeben u. 5 Min. mitschmoren. Anschließend das Currypulver untermischen. Die gekochten Bohnen von der Brühe trennen, die Brühe auffangen. Anschließend die Bohnen in die Currysoße geben und 3 Min. köcheln. Danach die aufgefangene Brühe dazugießen. Weitere 5 Min. köcheln. Mit Salz abschmecken u. Koriander einstreuen.
Tipp: *Mit Reis o. Weißbrot servieren.*

Carry Dhall
(Gelber Linsencurry)

Gelbe Linsen sind bei uns weniger bekannt, eignen sich aber hervorragend um ein exzellentes vegetarisches Gericht zuzubereiten, das sie und ihre Gäste überraschen wird.

Zutaten
Für 6 Personen

300 g gelbe Linsen (Dal), 1 ½ EL Currypuder, 2 Zweige Curryblätter, Ingwer, 3 Zehen Knoblauch, 2 Schalotten, 3 EL Öl, Koriander, ½ Stange Porree, 1 großes Stk. Knollensellerie, 2 Chou-Chous, 1 Fleischtomate, ½ L Gemüsebrühe, Petersilie, Salz.

Gelbe Linsen mind. 5 Std. einweichen. Die Chou-Chou abschälen u. vierteln. Das Gemüse säubern u. klein schneiden. Ingwer u. Knoblauch zerstampfen. Schalotten, Curryblätter u. Petersilie fein schneiden. Das Öl im Topf erhitzen u. die Schalotten glasig anbraten. Das Gemüse mit dem Knoblauch, Ingwer, Curryblätter, Petersilie dazugeben u. 5 Min. mitschmoren. Dann die Tomaten u. den Currypuder zusammen mit den Linsen zugeben, gut durchmischen u. mit der Gemüsebrühe ablöschen. Kochen, bis die Linsen weich sind (ca. 45 Min). Im Schnellkochtopf 15. Min.

Tipp: Alternativ kann statt Chou-Chou auch Kohlrabi genommen werden. Mit Reis u. Poisson salé servieren. Koriander einstreuen.

Gatin Giraumon
(Kürbisgratin)

Für alle Gourmets die den süßlichen Geschmack des Kürbisses lieben, geht kein Weg an diesem Gericht vorbei. Es wird sie in eine Genusswelt entführen wie sie sie noch nicht vorher gekannt haben.

Zutaten
Für 4 Personen

1 Kg Kürbis, 1 große Zwiebel, 2 Zehen Knoblauch, 2 Zweige Thymian, 4 Stängel Petersilie, 1 Becher Crème-Fraîche, 2 Eier, 2 EL Öl, Salz, Pfeffer, 1 Msp geraspelter Muskatnuss, 100 g geriebener Emmentaler.

Den Kürbis zerteilen, entkernen, schälen und in kleine Stücke schneiden. Zusammen mit der geschnittenen Zwiebel in der Pfanne anschmoren.

Den Knoblauch mit dem Thymian beifügen. Mit Salz und Pfeffer abschmecken. Auf kleinem Feuer köcheln, bis der Kürbis weich ist. Anschließend pürieren. Crème-Fraîche mit der geriebenen Muskatnuss, der Petersilie und den zuvor verquirlten Eiern der Kürbismasse unterheben. Danach alles in eine flache, mittelgroße Auflaufform füllen und mit dem geriebenen Käse bedecken. Im Backofen bei 180° nur mit Oberhitze 10 Min. überbacken.

Tipp: Als Beilage zu allen Gerichten o. nur mit frischem Baguette servieren.

Touffé Giraumon
(Schmorkürbis)

Auch bei diesem Gericht werden ihre Geschmacksnerven in Verzückung geraten. Kürbisgenuss auf höchster Ebene, der sie begeistern wird.

Zutaten
Für 4 Personen

1 Kg Kürbis, 1 große Zwiebel, 2 Zehen Knoblauch, Ingwer, 2 Zweige Thymian, ¼ Stange Porree, 2 Zweige Curryblätter, 1 Stange Sellerie, 1 Peperoni/½ grüne Paprika, 4 Stängel Petersilie, 2 EL Öl, Salz, Zucker.

Den Kürbis schälen und in kleine Stücke teilen. In einem Topf Öl erhitzen u. die fein geschnittene Zwiebel kurz anbraten. Porree, Sellerie u. Peperoni/Paprika klein geschnitten dazugeben u. weitere 2 Min. dünsten. Anschließend Knoblauch, Ingwer, Curryblätter, Thymian u. Kürbis beigeben. Mit Salz u. Zucker abschmecken. Bei mittlerer Hitze zugedeckt schmoren, bis der Kürbis weich gekocht ist. Zwischenzeitlich durchrühren. Vor dem Servieren die Petersilie untermischen.

Tipp: Kann zu allen Gerichten als Beilage serviert werden oder nur zusammen mit frischem Baguette verzehren. Köstlich!

Salade Pâtisson
(Patisson mit Vinaigrette)

Diese Kürbisart ist eine besondere Delikatesse und schwer zu bekommen. Ein spätsommerlicher Salat, der mit frischem Baguette und einem Glas Wein genossen, sie in bisher unbekannte kulinarische Galaxien versetzen wird.

Zutaten
Für 4 Personen

*2 mittelgroße junge Patissons, 2 Schalotten,
1 Zehe Knoblauch, ½ Bund Petersilie,
2 Eier, Salz, Vinaigrette.*

Die Patissons vierteln und 10 Min. in Salzwasser zusammen mit den Eiern kochen. Anschließend die Eier u. Schalotten abschälen u. in Scheiben schneiden. Die Patissons ebenfalls in Scheiben schneiden.
Alles in eine Schüssel füllen u. mit dem Knoblauch, Petersilie u. der Vinaigrette gut vermischen.

Tipp: Achten sie beim Kauf darauf, dass das Gemüse jung ist. Testen sie, ob sie ihren Fingernagel leicht in den Patisson eindrücken können.

Rougaille Bringel
(Aubergine in Erdnusssoße)

Wenn sie bisher keine Auberginen gemocht haben, wird sich das mit dem Verzehr dieses Gerichts schlagartig ändern. Der Gout von Erdnuss bringt eine bisher unbekannte Geschmacksvariante ins Spiel, die ihre Abneigung gegen Aubergine vergessen lassen wird. Eine Köstlichkeit – sehr empfehlenswert!

Zutaten
Für 4 Personen

2 Auberginen, 1 große Zwiebel, 300g geschälte Tomaten (Dose), 1 rote Paprika, 2 EL Tomatenmark, 2 EL Erdnusspaste, 3 Zehen Knoblauch, 2 Zweige Thymian, 4 Stängel Petersilie, Koriander, Öl, Salz, Pfeffer.

Die Auberginen grob schneiden, salzen, pfeffern u. in einer Pfanne von beiden Seiten rösten.
Danach die Auberginenstücke aus der Pfanne nehmen. Öl erhitzen, die gehackte Zwiebel u. die in Würfel geschnittene Paprika mit dem Knoblauch u. Thymian 5 Min. anbraten. Anschließend die geschälten Tomaten zusammen mit dem Tomatenmark u. Salz einrühren. Weitere 10 Min. köcheln. Die Erdnusspaste dazugeben u. durch ständiges Rühren in der Soße auflösen. Die Auberginen wieder beigeben u. 5 Min. bei kleiner Hitze aufkochen. Koriander einstreuen.
Tipp: *Dazu Spaghetti o. Reis. Hervorragend fürs kalte Büffet, mit Baguettebrot kredenzen.*

Carri Légumes
(Gemüsecurry)

Dieses aufwendig zuzubereitende Gericht, wird sie, durch die Zugabe der Gewürze, am Ende des Kochvorganges, mit einem Feuerwerk von unüberschaubaren Geschmackskomponenten belohnen.

Zutaten
Für 4 Personen

2 EL Butterschmalz (Ghee), 1 große Zwiebel, 3 mittelgroße Kartoffeln, 125 g grüne Bohnen, 1 große Karotte, 125 g Erbsen, Ingwer, 2 Zehen Knoblauch, 3 EL Naturjoghurt, 2 Kardamonsamen, 3 Nelken, ½ TL Kurkuma, 1 TL gemahlenen Kreuzkümmel, ½ TL Safran, 6 Stängel Koriander, 1 Stange Zimt, 3 Stängel Minze, 2 grüne Chilischoten, 1 EL Kokospaste, Salz, Pfeffer.

Die Kartoffeln schälen u. fest kochen. Danach die Kartoffeln u. Karotte in Würfel schneiden.
Das Butterschmalz im Topf erhitzen, die Kartoffel kurz fritieren – wieder herausnehmen.
Die zerkleinerte Zwiebel im Butterschmalz anbraten. Die klein geschnittenen grünen Bohnen mit Koriander, Minze, Chilischoten, Knoblauch, Ingwer, ½ Glas Wasser u. den restlichen Zutaten (außer Erbsen) dazugeben. Mit Salz u. Pfeffer abschmecken. Auf kleiner Hitze gar kochen. Kurz vor Ende des Kochvorgangs die Erbsen beigeben.
Tipp: Zum Reis o. mit Fladenbrot servieren.

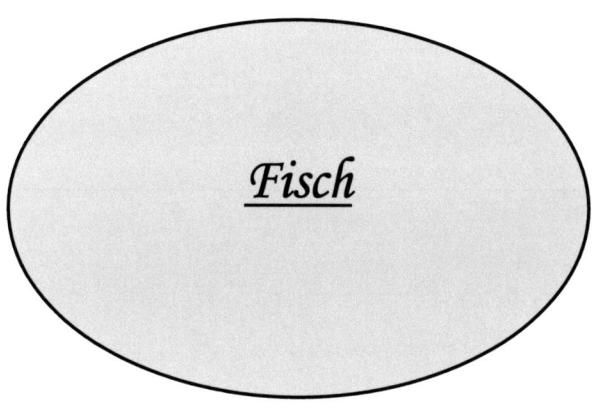

<u>Fisch</u>

Vindaye Poisson
(Fisch eingelegt in Öl)

Wenn sie gerne Fisch essen, sollten sie unbedingt diese Art der Zubereitung ausprobieren. Mit Reis/Baguette serviert, ein unvergesslicher Genuss.

Zutaten
Für 6 Personen

1 kg Schwert-/Thunfisch (regional Seelachsfilet, Rotbarsch, Lachs), 3 scharfe Chilischoten (nach Bedarf statt Chili grüne/rote Paprika), Ingwer, 5 Zwiebel, 6 Zehen Knoblauch, 2 EL gemahlene schwarze Senfkörner, 1½ EL Kurkuma, 2 EL Essig, 1 Tomate, 1 TL Zucker, 150 ml Öl, Salz, Pfeffer.

Den Fisch in kleine Stücke schneiden, salzen und pfeffern. Das Öl in der Pfanne stark erhitzen, den Fisch anbraten – wieder herausnehmen. Zwiebeln halbieren, grob schneiden. Die Chilischoten/Paprika in Würfel schneiden. Ingwer u. Knoblauch im Mörser mit einer Prise Salz u. Zucker zerstampfen. Zwiebeln, Knoblauch, Ingwer, Chili/Paprika und Salz in der Pfanne mit dem verbliebenen Öl kurz anschmoren. Die Hitze abstellen, das Öl etwas erkalten lassen. Das Kurkuma und die Senfkörner beigeben und gut untermischen. Anschließen Zucker, Essig u. geschnittene Tomate dazugeben. Den Fisch jetzt wieder unterheben. Abschließend den klein geschnittenen Zwiebellauch darüber streuen.

Tipp: Wenn der Fisch ausreichend mit Öl bedeckt wird, kann er für längere Zeit (ca. 14 Tg.) im Kühlschrank aufbewahrt werden

Rougaille Poisson
(Fisch in Tomatensoße)
Dieses Fischgericht wird beinahe täglich von den Mauritianern gegessen. Ein unverzichtbarer Genuss auf hohem Niveau, den sie nicht verpassen sollten.

Zutaten
Für 6 Personen

600 g Thun-/Schwertfisch, (regional Lachs-/Kabeljaufilet), 1 große Zwiebel, 2 Chilischoten, 3 Zehen Knoblauch, Ingwer, 3 große Tomaten, 3 EL Tomatenmark, 2 Zweige Curryblätter, 3 Zweige Thymian, 3 Zweige Petersilie, Koriander, 4 EL Öl, 1 TL Zucker, Pfeffer, Salz.

Den Fisch in Stücke schneiden, salzen, pfeffern und im stark erhitzen Öl kurz beidseitig anbraten. Den Fisch aus der Pfanne nehmen, die geschnittene Zwiebel im selben Öl anschmoren. Knoblauch, Ingwer, Chilischoten u. Curryblätter dazugeben u. 1 Min. anschwitzen. Die klein geschnittenen Tomaten, -mark, Zucker u. Prise Salz dazugeben. Bei kleiner Hitze 15 Min. dünsten. Danach den Fisch mit ½ Glas Wasser wieder zugeben. Weitere 5 Min. köcheln. Mit Koriander dekorieren.
Tipp: Als Beilage zu Reisgerichten auftischen.

Crevette en sauce Rouge
(Shrimps in roter Soße)

Ebenfalls ein kulinarischer Leckerbissen, der Abwechselung in ihren Speiseplan bringt und ihre alltäglichen Mahlzeiten vergessen lässt.

Zutaten
Für 4 Personen

500 g geschälte frische Shrimps, 300 g geschälte Tomate (Dose), 2 Schalotten, 1 EL Tomatenmark, 5 cl Weißwein, 2 Zweige Thymian, 1 EL Butter, 3 Zehen Knoblauch, Muskatnuss, Petersilie, Salz, Pfeffer.

Die Schalotten fein schneiden u. in der Butter anschmoren. Die Shrimps mit dem Knoblauch u. Thymian zugeben. Kurz glasig anbraten und mit Weißwein ablöschen. Die geschälten Tomaten durch ein Sieb pressen und mit Tomatenmark, Salz, Pfeffer u. einer Prise geraspelten Muskatnuss den Shrimps untermischen. 15 Min. bei kleiner Hitze köcheln. Zum Schluss mit Petersilie bestreuen.

Tipp: Mit Baguette o. Reis servieren.

Bouillon Poisson
(Fischsuppe)

Für Liebhaber von Bouillons, kann ich diese Suppe nur wärmstens empfehlen. Sie eignet sich besonders an kalten Tagen, ihr Gemüt zu erhitzen.

Zutaten
Für 2 Personen

500 g Fisch mit Kopf, 1 große Zwiebel, Ingwer, 2 große Zehen Knoblauch, 2 Zweige Thymian, 2 Zweige Petersilie, 2 Stangen Sellerie, 2 kleine Tomaten, Koriander, 100 ml Öl, 500 ml Wasser, Salz, Pfeffer.

Den Fisch putzen, Kopf abtrennen u. aufbewahren. Fisch in der Mitte halbieren, auf jeder Seite quer einschneiden, zusammen mit dem Kopf salzen u. pfeffern. Das Öl erhitzen, die Fischstücke von beiden Seiten kurz anbraten und wieder aus der Pfanne nehmen. Knoblauch und Ingwer mit dem geschnittenen Gemüse und den Kräutern im selben Öl 2 Min. andünsten, mit Salz und Pfeffer abschmecken. Anschließend mit Wasser ablöschen. 5 Min. auf kleiner Flamme köcheln. Abschließend die Fischstücke mit dem Kopf in die Bouillon gegeben und 15 Min. bei kleiner Hitze kochen.

Das Geschmacksniveau erhöht sich, wenn die Bouillon mit dem Fisch serviert wird. Vorher die Gräten entfernen. Koriander einstreuen.

Tipp: Reis individuell beigeben. Mit Tomaten Chutney und Satini Coco servieren.

Daube Ourite
(marinierter Tintenfisch)

Wer gerne Tintenfisch isst, sollte dieses köstliche Gericht unbedingt zubereiten und mit einem guten Glas Wein zusammen verzehren.

Zutaten
Für 4 Personen

400 g Tintenfisch, 1 Gemüsezwiebel, 3 Zehen Knoblauch, 1 Chilischote/½ rote Paprika, Ingwer, 1 EL Austernsoße, TL brauner Zucker, 1 Msp Nelkenpulver, 2 Msp Zimtpulver, 1 Tomate, Salz, Pfeffer, Saft einer ½ Zitrone, Koriander.

Den Tintenfisch gar kochen und danach in Stücke schneiden. In einer Pfanne die Zwiebel mit Öl anschmoren. Tintenfisch, Chilischote/Paprika, Knoblauch, Ingwer, Austernsoße, Nelken u. Zimt zugeben, auf mittlerer Hitze 5 Min. braten. Die Tomate grob schneiden u. beigeben, mit Zucker, Salz u. Pfeffer abschmecken, weitere 5 Min. dünsten.

Abschließend Zitronensaft und Koriander über den Tintenfisch verteilen

Tipp: Den Tintenfisch zum Aperitif mit Baguettebrot servieren.

Carri Poisson
(Fischcurry)

Ein Gericht, das die Komponenten Fisch und Curry zu einer hervorragend kulinarischen Harmonie vereint. Besser können sie Fisch nicht genießen.

Zutaten
Für 6 Personen

1 Kg Fischfilet (Kabeljau, Lachs), 2 Tomaten, 1 große Zwiebel, Ingwer, 2 EL Currypulver, 3 Zehen Knoblauch, 2 Zweige Curryblätter, 4 Stängel Petersilie, Salz, Pfeffer, Öl.

Den Fisch in Portionsstücke schneiden, salzen, pfeffern u. im stark erhitzten Öl anbraten – wieder herausnehmen. Im selben Öl die zerkleinerte Zwiebeln anbraten, die Hitze reduzieren, dann die geschnittenen Tomaten, Knoblauch, Ingwer, Curryblätter, u. Currypulver zugeben, mit Salz u. Pfeffer abschmecken. Anschließend ½ Glas Wasser zugeben u. 10 Min. bei mäßiger Hitze schmoren. Abschließend den gebratenen Fisch und die Petersilie der Sud beigeben und weitere 3 Min. bei kleiner Hitze köcheln.

Tipp: Fischcurry mit Basmatireis servieren.

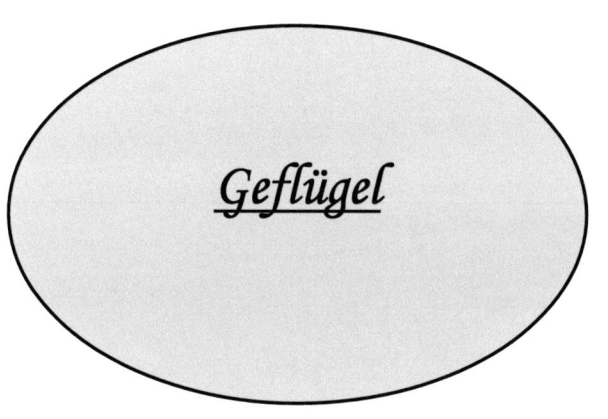

Carry poulet à la Shirl
(Hühnercurry Shirley's Art)

Eine Symphonie in Curry, die Shirley in hervorragender Weise dirigiert.

Der Taktstock ist der Kochlöffel, der alle Zutaten zu einer kulinarischen Symbiose vereint und ihnen das Wasser im Munde zusammen laufen lässt.

Zutaten
Für 2-3 Personen

500 g Hühnchen, 2 Zehen Knoblauch, 1 Zwiebel, Ingwer, ½ Stange Porree, 1 Stange Sellerie, 1 Karotte, 2 Kartoffeln, 1 Tomate, 4 TL Currypuder, Koriander (nach Geschmack), 1 Zweig Curryblätter, Salz, Pfeffer.

Das Hühnchen waschen u. in kleine Portionen schneiden, salzen u. pfeffern. Das Gemüse klein schneiden, die Kartoffeln schälen u. vierteln. Das Hühnchen u. die Zwiebeln mit Öl anbraten, Currypuder u. -blätter mit einer ½ Tasse Wasser dazugeben, mit Salz u. Pfeffer abschmecken. 5 Min. köcheln. Anschließend das Gemüse, Ingwer u. Knoblauch beifügen u. zugedeckt bei mittlerer Hitze kochen. Im Abstand von ca. 10 Min. eine halbe Tasse Wasser nachgießen, solange bis die Kartoffeln gar gekocht sind. Abschließend die geschnittene Tomate beigeben.
Tipp: Vor dem Servieren den Koriander einstreuen.

Briani
(Reistopf mit Huhn)

Dieses Gericht benötigt viel Aufwand und Konzentration für die Zubereitung. Durch die vielen Arbeitsgänge, schaffen sie es, ein Essen zuzubereiten, das alle Erwartungen übertreffen wird. Es ist ein lukullisches Festival, das seines Gleichen sucht. Auch wenn es ihnen nicht auf Anhieb gelingen sollte, versuchen sie es ein weiteres Mal. Die Mühe lohnt sich!

Zutaten
Für 6 Personen

400 g Reis, 1 Huhn, 4 Kartoffeln, 2 Karotten, 150 g grüne Bohnen, 5 Zehen Knoblauch, Ingwer, 2 Gemüsezwiebeln, 1 Bund Koriander, 100 g Erbsen (gefroren/Dose), 1 Bund Pfefferminze, 2 Msp Kardamon, 1 EL Kreuzkümmel, ½ TL Zimtpulver, 2 Msp. Nelkenpulver, 2 Msp Safran, Pfeffer, 1 Msp. Kurkuma, 1 EL Butterschmalz, 200 g Naturjoghurt, ½ Tasse Öl, Salz,

Das Huhn waschen und in Portionsstücke zerteilen. Gemüse putzen und zurechtschneiden. Den Safran in 3 EL heißes Wasser einweichen.

Für die Zubereitung der Marinade, Joghurt, Knoblauch, Ingwer, Gewürze (außer Safran), halbe Zwiebel, ein paar Zweige Koriander u. Pfefferminze in einen Mixer füllen, mit Salz u. Pfeffer abschmecken und alles gut durchmixen.

Anschließend die Hühnerteile in eine Schüssel geben und mit der Marinade gut einreiben, abgedeckt ca. 1 Std. einziehen lassen.

Zwischenzeitlich Öl u. Butterschmalz in einer Pfanne erhitzen. Die geschälten Kartoffeln salzen und mit dem Kurkuma einschmieren, kurz anbraten – wieder herausnehmen. Die zuvor in feine Streifen geschnittenen Karotten, grüne Bohnen, restliche Zwiebeln (Ringe) ebenfalls im selben Öl kurz anbraten- wieder herausnehmen. Das Bratenfett zur Marinade geben.

Danach das Huhn mit der Marinade in einen Topf geben (ideal wäre Reiskocher). Die Kartoffeln hinzufügen. Schichtweise den Reis, das gebratene Gemüse abwechselnd dazugeben. Zwischendurch immer wieder Koriander u. Minze einstreuen.

Abschließend 750 ml Wasser mit 1 TL Salz dazugießen. Im geschlossenen Topf bei mittlerer Hitze ca. 45 Min. kochen. Kurz vor Ende des Kochvorganges die Erbsen mit dem Safran dazugeben. Vor dem Servieren kontrollieren, ob der Reis gleichmäßig gar gekocht ist. Eventuell etwas Wasser nachgießen und weitere 5 Min. bei kleiner Hitze garen.

Das Gericht zum gleichmäßigen Portionieren der Zutaten auf eine große Servierplatte ausbreiten.

Tipp: *Gurken-Tomatensalat o. Mango Koutcha können als Beilage servieren.*

Das Gericht kann auch mit nur festen Fischsorten zubereitet werden.

<u>*Zum Beachten:*</u> *Der Fisch muss vorher in kleine Stücke kurz und kräftig angebraten werden.*

Riz frite
(Bratreis)

Ein sehr schmackhaftes Gericht, das durch die Vielfalt der Zutaten und dem abschließenden anbraten zu einem wahrhaft köstlichen Festschmaus wird.

Zutaten
Für 4 Personen

400 g Reis, 400 g Hühnerbrust, 3 Eier, 150 g geschälte Shrimps, 1 Zwiebel, 1 Bund Zwiebellauch, 2 Karotten, 150 g Weißkohl, 6 Zehen Knoblauch, 2 EL Austernsoße, 2 EL Sojasoße, Öl, Pfeffer, Prise Zucker, Salz.

Den Reis separat kochen. Das Hähnchenfleisch, Weißkohl und Karotten in Streifen schneiden. Den Zwiebellauch grob zerkleinern. Die halbe Menge der Sojasoße und des Knoblauchs mit der Austernsoße in eine Schüssel geben, das Hühnerfleisch zugeben, pfeffern und zuckern. Die Eier mit Salz verquirlen, zum Omelett braten und in kleine Stücke schneiden. Öl in der Pfanne/Wok erhitzen und die Zwiebel anbräunen. Anschließend das Fleisch, die Shrimps, das Gemüse zugeben und mit starker Hitze 5 Min. anbraten. Den Reis, die restliche Sojasoße und Knoblauch mit der halben Menge Zwiebellauch hinzufügen und bei ständigen durchrühren weitere 5 Min. braten. Abschließend das Ei und den restlichen Zwiebellauch darüber streuen.

Tipp: Mit Tomatenchutney und Knoblauchsoße servieren.

Mine Frire
(Bratnudeln)

Ein typisch chinesisches Nudelgericht, das auf die gleiche Weise wie **Riz Frite** zubereitet wird, eben nur mit Nudeln. Schmeckt außergewöhnlich. Unbedingt ausprobieren!

Zutaten
Für 4 Personen

500 g asiatische Nudeln, 400 g Hühnerbrust, 3 Eier, 1 Zwiebel, 150 g geschälte Shrimps, 1 Bund Zwiebellauch, 2 Karotten, 150 g Weißkohl, 6 Zehen Knoblauch, 2 EL Austernsoße, 2 EL Sojasoße, Öl, Prise Zucker, Pfeffer, Salz.

Die Nudeln in heißes Wasser einweichen. Das Hähnchenfleisch, Weißkohl und Karotten in Streifen schneiden. Den Zwiebellauch grob zerkleinern.

Die halbe Menge der Sojasoße und des Knoblauchs mit der Austernsoße in eine Schüssel geben, das Hühnerfleisch zugeben, pfeffern und zuckern. Die Eier mit Salz verquirlen, zum Omelett braten und in kleine Stücke schneiden. Öl erhitzen, die Zwiebel anbräunen. Das Fleisch, Shrimps, Gemüse zugeben, mit starker Hitze 5 Min. anbraten. Die Nudeln, Knoblauch, die restliche Sojasoße mit der halben Menge Zwiebellauch hinzufügen und bei ständigen durchrühren weitere 5 Min. braten. Abschließend das Ei und den restlichen Zwiebellauch darüber streuen.

Tipp: Mit Tomatenchutney und Knoblauchsoße servieren.

Carri Dizef
(Eiercurry)

Ein einfaches aber wohlschmeckendes Gericht, das nicht viel Aufwand für die Zubereitung braucht und dennoch eine sehr schmackhafte Mahlzeit ist.

Zutaten
Für 4 Personen

4 hart gekochte Eier, 4 Kartoffeln, 1 Zwiebel, 1 Zweig Curryblätter, 2 Zehen Knoblauch, Ingwer, 1 EL Currypulver, 1 große Tomate, Koriander, Salz, Pfeffer.

Die Eier hartkochen, Kartoffeln schälen u. in Würfel schneiden. In einem Topf die geschnittene Zwiebel anbraten. Das Currypulver mit 2 EL Wasser, Knoblauch u. Ingwer verrühren und den Zwiebeln beigeben, kurz dünsten. Anschließend die Kartoffeln mit einer Tasse Wasser beigeben, die Curryblätter hinzufügen, mit Salz u. Pfeffer abschmecken. Bei mittlerer Hitze kochen, bis die Kartoffeln weich sind (bei Bedarf Wasser nachgießen). Abschließend die grob zerteilte Tomate und die halbierten Eier zugeben und 3 Min. mitköcheln. Vor dem Servieren mit Koriander bestreuen.

Tipp: Das Gericht wird mit Reis u. Achard serviert.

Suzi Poulet au lait de coco
(Suzi Hühnchen in Kokosmilch)

Ein sehr leckeres Gericht, was alles übertrifft was sie bisher an Hühnergerichten gegessen haben. Wer das extravagante Essen liebt, sollte auf diesen Genuss nicht verzichten.

Zutaten
Für 6 Personen

1 Hähnchen (ca. 1500 g), 4 Kartoffeln, ½ frische unreife Ananas, 3 TL Kurkuma, 1 großes Stück Ingwer und Galganwurzel, 4 Schalotten, 6 Zehen Knoblauch, 3 Stängel Zitronengras, 6 Zitronenblätter, 1-2 El Sambal Olek, 2 Dosen Kokosmilch, 1 Bund Frühlingszwiebeln, Öl, Pfeffer, Salz.

Das Hähnchen portionsweise zerschneiden, salzen und pfeffern. Kartoffeln schälen und vierteln, Ananas schälen und in kleine Stücke schneiden.

In einem Mixer Kurkuma, Ingwer, Knoblauch, Schalotten, Galgan, Samba Olek, ½ Glas Wasser geben und pürieren. Öl in einem Topf/Wok erhitzen, Hähnchen mit Kartoffeln, Zitronengras (mit einer Flasche o. ähnl. zerstoßen) und Zitronenblätter zugeben, kurz scharf anbraten. Die pürierten Gewürze mit der Kokosmilch beigeben, unter ständigen rühren bei mittlerer Hitze 45 Min. köcheln. 15 Min. vor Ende des Kochvorgangs die Ananas hinzufügen. Eventuell noch mal mit Salz abschmecken. Vor dem Servieren Frühlingszwiebel drüber streuen.

Tipp: Mit Duftreis und Rohkostsalat servieren.

Roti Poule á la Mama Ros'

(Brathähnchen kreolisch nach Art Mama Ros')
Dieses Gericht wird ihrer Geschmackswelt eine weitere Komponente hinzufügen. Die Art der Zubereitung und die Beigabe der Gewürze, ist der ausschlaggebende Unterschied, vom Herkömmlichen. Ein köstlicher Créolenschmaus, der sie in Urlaubsstimmung versetzt.

Zutaten
Für 4 Personen

1 Hähnchen, 8 Kartoffeln, 1 Zwiebel, 2 Zehen Knoblauch, 4 EL Öl, 2 EL Sojasoße, ½ Glas Weißwein, ½ TL 4 Gewürzmischung, Salz, Pfeffer.

Die Kartoffeln schälen, waschen und halbieren. 2 EL Öl im Wok erhitzen, 1 Zehe zerkleinerten Knoblauch andünsten. Danach die Kartoffeln zusammen mit 1 EL Sojasoße beigeben, vermischen und scharf anbraten.

Die Kartoffeln wieder aus dem Wok nehmen. Das gewaschene Hähnchen mit Salz, Pfeffer und der restlichen Sojasoße einreiben.

Öl im Wok erhitzen, weitere Zehe Knoblauch andünsten, das Hähnchen hinein geben, scharf anbraten, die Zwiebel dazugeben.

Zum Schluss die Kartoffeln wieder beigeben und zusammen mit dem Hähnchen weitere 2 Min. anbraten. Jetzt mit dem Wein ablöschen, einen Moment warten und etwas Wasser nachgießen. Abschließend die Gewürzmischung beigeben.

Zugedeckt ca. 1 Stunde bei mittlerer/kleiner Hitze kochen. Zwischendurch immer wieder das Hähnchen wenden. Wenn das Hähnchen gar gekocht ist, kann es in Portionsstücke geschnitten werden.
Tipp: Mit Salade Concombre und frischem Baguette servieren.

Bol Renversé
(umgestürzte Schale)

Eine aufwendige Zubereitung, die alleine schon durch die Art des Servierens, Eindruck bei ihren Gästen machen wird. Sehr zu empfehlen!

Zutaten
Für 4 Personen

250 g Reis, 500 g Hühnerbrustfilet, 2 EL Sojasoße, 2 EL Austernsoße, 1 TL Speisestärke, 2 Zehen Knoblauch, 4 El Öl, 200 g frische Champignons, 4 Eier, 1 Karotte, 1 Kopf Pak-Choi (asiatischer Blätterkohl), 4 kleine Maiskolben, 2 Black Fungus (getrocknete schwarze Pilze), 2 Schalotten, Bund Schnittlauch, Salz, Pfeffer.

Den Reis separat kochen. Das Hähnchenfleisch in Streifen schneiden und in eine Schüssel geben. Soja-, Austernsoße, Pfeffer, geschnittene Schalotten, Knoblauch dazugeben und gut vermischen. Pak-Choi grob zerschneiden, Karotte in Streifen schneiden, Champignons in Scheiben schneiden, Maiskolben halbieren, schwarze Pilze in heißes Wasser einweichen,
Öl in der Pfanne/Wok erhitzen und das Hähnchen mit der Marinade scharf anbraten. Anschließend schwarze Pilze zerhacken und mit dem Gemüse zugeben, mit Salz abschmecken und 10 Min. kochen. Speisestärke mit 4 EL kalten Wasser anrühren, untermischen und aufkochen lassen bis die Soße eingedickt ist. Abschließend den Schnittlauch einstreuen.

In einer anderen Pfanne die Eier zugedeckt als Spiegelei braten, bis das Eigelb annähernd fest geworden ist. Anschließend jeweils ein Ei mit dem Eigelb nach unten in die bereitgestellte Schale legen. Das Hähnchen mit dem Gemüse hinzufügen, die Schale mit Reis auffüllen und mit einen Löffel fest andrücken. Abschließend mit einem Teller abdecken, umstürzen und servieren.
Tipp: *Mit Gurkensalat servieren.*

Poulet au sauce pistache
(Hühnchen in Erdnusssoße)

Ein Essgenuss der delikaten Art ist dieses Gericht, das ich ihnen für ein Festessen besonders empfehlen kann. Die Kombination von zarten Hühnerfleisch und dem herben-süßen Geschmack der Erdnusssauce ist eine Orgie für die Geschmacksnerven, die sie in Ekstase geraten lässt.

Zutaten
Für 4 Personen

1 Hühnchen, 1 Stange Porree, 1 Stängel Sellerie, 1 Zwiebel, 2 Zehen Knoblauch, frischer Thymian, 1 EL Tomatenmark, 1 Dose gehackte Tomaten, 2 EL Erdnusspaste, 100 g geröstete Erdnüsse, Öl, Salz, Pfeffer.

Das Hühnchen waschen, in Portionsstücke schneiden, mit Salz und Pfeffer würzen.
Öl im Topf erhitzen, die Zwiebel zusammen mit dem Knoblauch anschmoren, die Hühnerteile dazugeben und scharf anbraten. Das kleingeschnittene Gemüse mit dem Thymian beigeben, bei mittlerer Hitze zugedeckt ca. 20 Min. köcheln lassen. Bei Bedarf Wasser hinzugeben und das Fleisch wenden. Anschließend das Tomatenmark u. die gehackten Tomaten dazugeben und weitere 10 Min. köcheln. Kurz vor Ende der Kochzeit die Erdnusspaste untermischen und weitere 3 Min. köcheln lassen.
Tipp: Mit Reis/Kartoffeln servieren. Die zerstampften Erdnüsse über das Hühnchen streuen.

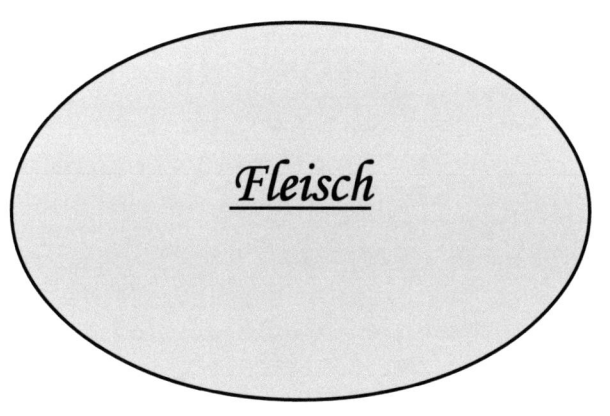

Kat- Kat Maniok
(Fleischeintopf mit frischer Tapioka)
Ein Fleischeintopf, der ihnen, durch seine Zutaten, zu höchst kulinarischer Genussfreude verhelfen wird.

Zutaten
Für 6 Personen

1 Kg Lamm-/Rindfleisch, 1 Kg Tapiokawurzel, 2 Zwiebeln, Knoblauch, Ingwer, 1 Chilischote/ 1 rote Paprika, 300 g Spinat/1 Knolle Pak- Choi, 3 Tomaten, 1 L Fleisch-/Gemüsebrühe, Öl, Salz, Pfeffer, Koriander.

Das Fleisch in kleine Stücke schneiden, mit Salz und Pfeffer würzen. Die geschnittenen Zwiebeln anbraten, das Fleisch dazugeben und 5 Min. anschmoren.

Tapioka abschälen und in Stücken schneiden, zum Fleisch mit Knoblauch, Ingwer, gehackten Chili/Paprika zugeben und eventuell noch einmal mit Salz und Pfeffer abschmecken, gut umrühren und mit der Brühe ablöschen. Auf kleiner Flamme ca. 1 Std. köcheln. Immer wieder umrühren, falls die Sud zu dick wird, Wasser nachgießen.

Anschließen die geschnittenen Tomaten und den Spinat/Pak-Choi zugeben

Zum Schluss mit frischem Koriander abschmecken.

Tipp: *Passend dazu mit Koriander Sauce oder Tomaten Chutney servieren.*

Salmi Lapin
(Kaninchen in Rotwein)

Feinschmecker, die den Geschmack von Wild lieben, wird dieses Gericht in einen Rausch von unwiderstehlicher Esslust bringen. Essen bis die Hose platzt.

Zutaten
Für 4 Personen

1 Kg Kaninchen, 2 Stangen Sellerie, 1 Stange Porree, 2 Karotten, 1 große Zwiebel, 3 Zehen Knoblauch, Ingwer, 1 Glas Rotwein, 2 Lorbeerblätter, 5 EL Öl, 300 g Tomatenpüree, 1 EL Tomatenmark, Thymian, Rosmarin, 1 Msp Nelkenpulver, ½ TL Zimtpuder, Salz, Pfeffer.

Kaninchen in Stücke schneiden, salzen u. pfeffern. In einer Schüssel, Nelken, Zimt, Ingwer, Knoblauch, Lorbeer, Thymian, Rosmarin, zusammen mit dem Rotwein zu einer Marinade anrühren. Die Kaninchenteile beigeben und einige Stunden in der Marinade liegen lassen. (Reh- oder Rindfleisch besser über Nacht). Anschließend das Öl in einem Topf erhitzen und das Fleisch anbraten, bis es braun wird. Die geschnittene Zwiebel mit dem Tomatenmark dazugeben. Porree, Sellerie, Karotten putzen, zerkleinern, und mit anschmoren. Tomatenpüree zusammen mit der Marinade u. einer Tasse Wasser hinzufügen. Bei mittlerer Hitze eine Stunde kochen. Zwischendurch immer wieder umrühren.

Tipp: Mit Petersilienkartoffeln oder Basmatireis servieren.

Khalia Mouton
(Lammpfanne)

Ein Essen, das sie zu unbändigen Schlemmen verleiten wird und sie nicht mit dem essen aufhören werden, bis alles verzehrt worden ist. Höchst schmackhaft.

Zutaten
Für 6 Personen

1 Kg Lammfleisch, 200 ml Naturjoghurt, 3 Kartoffeln, 2 EL Pflanzenöl, 2 Zwiebeln, 4 Zehen Knoblauch, Stk. Ingwer, je ½ TL Kardamom, Zimt und Nelken, 1 EL Kümmel, 1g Safran, Bund Koriander u. Minze, Prise Zucker, Öl, Salz, Pfeffer.

Das Fleisch in einer Marinade einlegen, die wie folgt zubereitet wird:

In einen Mixer eine halbe Zwiebel, Joghurt, Knoblauch, Ingwer, Salz, Zucker und ein halbes Bund Minze/Koriander geben und gut pürieren. Das Fleisch in Portionsstücke schneiden, in eine Schüssel geben, mit der Marinade bedecken und 30 Min. einziehen lassen. Den Safran in etwas Wasser einweichen. Die Kartoffeln schälen und vierteln. Die restlichen Zwiebeln in Scheiben schneiden und glasig anbraten. Anschließend das Fleisch dazuzugeben und 2 Min. von beiden Seiten braten. Jetzt die Marinade beigeben, Nelken, Zimt, Kardamom und Safran untermischen, 5 Min. köcheln lassen. Abschließend die Kartoffeln und restliche Minze/Koriander kleingehackt zugeben. Mit Salz/Pfeffer abschmecken und

zugedeckt bei kleiner Hitze 45 Min. kochen. In kurzen Abständen umrühren. Bei Bedarf Wasser zugeben, bis die Kartoffeln durchgekocht sind.
Tipp: Mit Basmatireis, Rohkostsalat servieren.

Porc aige et doux
(Süß-Sauer Schweinefleisch)
Für alle die gerne Schweinefleisch essen und es einmal auf eine andere Art verzehren möchten, ist dieses Gericht ein unverzichtbarer Gaumenschmaus.

Zutaten
Für 4 Personen

500 g Schweinefilet, ½ frische Ananas, je 2 rote/gelbe Paprika, 1 große Zwiebel, 3 Zehen Knoblauch, 6 EL Pflanzenöl, 2 EL braunen Zucker, 8 EL Tomatenketchup, 1 EL Tomatenmark, 4 El Reisessig, 4 EL Orangensaft, 2 EL Sojasoße, 2 EL Speisestärke, Salz, schwarzer Pfeffer, einige Blätter frischen Koriander.

Das in Streifen geschnittene Fleisch in eine Schüssel geben. Reisessig, Sojasoße, Pfeffer und 2 EL Öl mit 1 EL Speisestärke anrühren und dem Fleisch untermischen, zugedeckt 30 Min. kühl stellen.
Die Ananas schälen, den Strunk entfernen und in mundgerechte Stücke schneiden. Die Paprika waschen, entkernen, in Stücke schneiden.
Zwiebel und Knoblauch schälen, grob zerkleinern.

Das Fleisch durch ein Sieb abgießen, dabei die Marinade auffangen und mit der restlichen Speisestärke, Orangensaft und dem Zucker verrühren.

Das übrige Öl in einer großen Pfanne/Wok erhitzen und das Fleisch mit dem Knoblauch unter ständigem Rühren stark anbraten. Anschließend das Fleisch herausnehmen und die Paprika mit der Zwiebel ebenfalls in dem Sud schmoren.

Die Ananasstücke, den Zucker, die Marinade, Ketchup und Tomatenmark hinzufügen und etwa 5 Min. köcheln, bis die Sauce dick ist.

Das Fleisch wieder zugeben, unterrühren, eine weitere Minute leicht köcheln lassen.

Zum Schluss die in feine Streifen geschnittenen Korianderblätter zugeben und sofort servieren.

Tipp: Mit Duftreis servieren und als Beilage einen frischen Gurkensalat.

Das Gericht kann auch mit Rinder-, Hähnchen-, Lamm- oder Fischfilet zubereitet werden.

Dessert

Salade de fruits tropicaux
(Tropischer Obstsalat)

Wenn Sie tropische Früchte lieben, kann ich Ihnen diesen Salat empfehlen. Er regt Ihre Sinne an, entführt Sie in eine Welt voller exotischer Genüsse.

Zutaten
Für 6 Personen

2 Kiwis, 2 reife Mangos, 1 Orange, 1 Apfel, 1 kleine Papaya, ½ Ananas, 1 Banane, 1 Stück Wassermelone, 1 Passionsfrucht, 1 EL Kokosraspel, 1 EL Rosinen, Mark von ½ Vanilleschote, 1 EL braunen Zucker, Saft von 1 Zitrone, Saft von 1 Orange o. 100 ml. Orangensaft, 2 EL Rum/2 Tropfen Rumaroma, 2 Msp Zimtpuder.

Rosinen und Zimt im warmen Wasser einweichen. Das abgeschälte und in Würfeln geschnittene Obst in eine Schüssel geben. Die Passionsfrucht mit einem Löffel ausschaben, mit dem Zucker in einem Glas kräftig vermischen und mit den restlichen Zutaten in die Schüssel geben. Abschließend mit Kokosraspeln bestreuen und eine Stunde im Kühlschrank aufbewahren.

Tipp: *Mit Speiseeis und einem Schuss Obstlikör serviert, ein wahrer Hochgenuss.*

Flan
(Karamellcreme)

Eine höchst anspruchsvolles Dessert, das Ihnen wie Butter auf der Zunge zergehen wird.

Zutaten
Für 6 Personen

1 Vanilleschote, 750 ml Milch, 180 g Zucker, 2 EL Wasser, 5 Eier, Prise Salz.

Die Vanilleschote der Länge nach aufschneiden, das Mark mit einem Messer herauskratzen und zusammen mit der Schote in die Milch geben. Die Milch kurz aufkochen, von der Kochstelle nehmen und 30 Min. ziehen lassen. Danach die Vanilleschote herausnehmen.

Etwa ein Viertel des Zuckers mit Wasser in einer Pfanne verrühren, bei starker Hitze schmelzen und hellbraun werden lassen. Beim Bräunen nicht mehr rühren, sondern für den Karamell die Pfanne nur leicht schwenken, damit der Zucker gleichmäßig braun wird. Sechs ofenfeste Formen von etwa 200 ml Inhalt mit dem Karamell ausgießen.

5 Eier vom Eiweiß trennen. Die Eierdotter mit Salz, dem restlichen Zucker mittels eines Handmixers zu einer festen Creme schlagen. Die warme Vanillemilch bei laufendem Mixer langsam in die Eiercreme gießen. Danach die Eiercreme durch ein feines Sieb in die Form laufen lassen.

In einem großen, flachen Topf so viel Wasser erhitzen, das die Form zu etwa zwei Drittel ihrer Höhe darin stehen können. Anschließend die gefüllten Formen in den mit heißem Wasser angefüllten Topf stellen, auf die mittlere Schiene des auf 150° vorgewärmten Backofens schieben und 70-80 Min. backen lassen.

Bei Bedarf kochendes Wasser nachgießen, damit die Formen immer in der gleichen Höhe mit Wasser umgeben sind.

Nach erfolgter Garzeit die Formen aus dem Topf nehmen. Die Eiercreme in den Formen kurz abkühlen und 12 Std. im Kühlschrank erkalten lassen. Vor dem Servieren die Creme mit einem spitzen Messer von der Form lösen und sie anschließend auf einen Teller stürzen.

Tipp: An Stelle von mehreren Formen, kann auch eine Kastenform benutzen werden. Mit frischen Erdbeeren und frischer Minze dekorieren.

Banane Flambé
(Flambierte Banane)

Bananendessert auf höchster Ebene, das Sie in Ekstase versetzen wird.

Zutaten
Für 4 Personen

4 Bananen, 60 g braunen Zucker, 50 ml Rum, 1 EL Butter.

Bananen mit der Schale längsseitig aufschneiden, Butter in der Pfanne erhitzen, Zucker hinzufügen, anschließend die Bananen mit dem Fruchtfleisch nach unten in die Pfanne legen, eine Minute braten, danach wenden und nochmals eine Minute braten. Wenn die Bananen karamellisiert sind, mit dem Rum ablöschen, sofort anzünden und servieren.

Tipp: Mit Vanilleeis oder Schlagsahne anrichten. Etwas Zimtpuder über die Sahne streuen, dazu ein Schuss Kaffeelikör.

Banane Frite
(Banane fritiert)

Banane umhüllt mit feinem Teig, verfeinert durch Honig und Nüssen lässt ihr Gourmetherz höher schlagen und ihren Gaumen erfreuen.

Zutaten
Für 4 Personen

4 Bananen, 1 Tasse Mehl, ½ Tasse Wasser, 1 Ei,
1 TL Zucker, Prise Salz, ½ TL Backpulver,
½ L Speiseöl, 100 g gehackte Erdnüsse,
2 EL Honig.

Das Mehl mit Wasser, Zucker, Ei, Salz und Backpulver in einer Schüssel zu einem dickflüssigen Teig verrühren.

Das Öl in einem tiefen Topf o. Friteuse erhitzen. Die geschälte Banane in den Teig eintauchen und anschließend im Öl fritieren, bis der Teig leicht gebräunt ist. Die Bananen auf den Teller servieren, den Honig darüber laufen lassen und abschließend mit den Erdnüssen bestreuen.

Tipp: Die Bananen vor dem Servieren auf ein Küchentuch legen, damit das überschüssige Fett abtropfen kann. Bei Bedarf mit Vanilleeis servieren.

Ananas frit au piment
(Gebratene Ananas mit Chili)
Ein Zusammenspiel aus Süße und Schärfe, das Ihre Geschmacksnerven aufs äußerste strapazieren wird.

Zutaten
Für 4 Personen

*1 reife Ananas, 1 – 2 Chilischoten,
2 EL brauner Zucker, 1 unbehandelte Limette,
1 EL Butter, Prise Salz.*

*Die Ananas schälen und in Scheiben schneiden.
Die Chilischoten zerkleinern und im Mörser mit Salz und 1 EL Zucker zu einer Paste stampfen.
Die Butter erhitzen, Ananas von beiden Seiten 2 Min. anbraten, den restlichen Zucker hinzugeben und karamellisieren. Die Schale von der Limette reiben, Limette auspressen u. zusammen mit der Chilipaste beigeben und verrühren.
Ananas servieren und den Sud darüber gießen.*
Tipp: *Mit einer Kugel Eis und Minze dekorieren.*

Pudding aux Patates
(Süßkartoffelpudding)

Ein Dessert wie sie es vielleicht noch nie gegessen haben. Es wird ihre Sinne betören und zum schlemmen verleiten.

Zutaten
Für 4 Personen

500 g Süßkartoffel, 125 g Zucker, 3 Eier, 150 ml Kokosmilch, 1 EL Butter, 1 Tüte Vanillezucker, 2 TL Backpulver, 2 TL Kardamompulver, 3 EL Kokosraspeln, 1 EL Rosinen.

Die Kartoffeln schälen, kochen und anschließend zu Brei stampfen.

Die weiche Butter mit Zucker und den Eiern per Handmixer zur Creme schlagen. Die restlichen Zutaten unter die Creme heben und mit dem Kartoffelbrei vermischen.

Eine ofenfeste Form mit Butter auswischen, Kartoffelbrei hinein geben und abschließend bei 180° ca. 35 Min. auf mittlerer Schiene backen.

Wenn der Pudding fest und die Oberfläche braun gebacken ist (Stricknadeltest) aus dem Ofen nehmen, abkühlen lassen und servieren.

Tipp: Mit frischen tropischen Obst dekorieren und Vanillesoße übergießen.

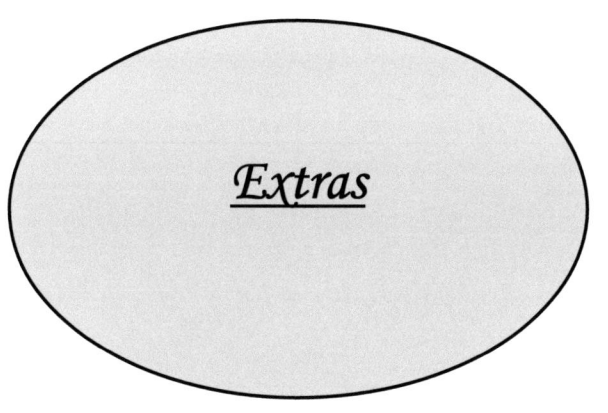

Ghee
(Butterschmalz)

Zum Backen und Kochen verwenden. Verleiht ihrem Gericht eine extravagante Note. Schmeckt auch gut aufs Brot. Sehr gesund! Kann unbegrenzt aufbewahrt werden.

Zutaten
1 Kg Butter

Die Butter in einem Topf zum Schmelzen bringen und bei kleiner Hitze unter Beobachtung köcheln, bis sie klar wird. Bei diesem Vorgang wird das in der Butter enthaltene Wasser verkocht.

Den aufsteigenden Schaum (Milcheiweiß) mit einem Kochlöffel abschöpfen.

Anschließend einen Kaffeefilter oder Sieb mit einem Blatt von der Küchenrolle auslegen, auf ein ausreichend großes Glas stellen und das Ghee möglichst ohne abzusetzen langsam durchgießen. Es erfordert ein wenig Geschick, aber mit der Zeit sollte es ihnen gelingen. Alternativ kann man eine Schöpfkelle benutzen.

Tipp: *Durch das Kochen trennt sich der Milchzucker vom Fett und sinkt auf den Boden des Topfes. Deshalb nicht zu lange köcheln, sonst verbrennt der Zucker und das Ghee wird braun, verliert seine goldgelbliche Farbe und schmeckt angebrannt.*

Reis kochen
(Verhältnis 1:2)
2 Tassen Reis/4 Tassen Wasser
Ich empfehle Ihnen für alle Gerichte, den wohlschmeckenden Basmatireis zu kochen.

Zutaten
Für 6 Personen

2 Tassen Reis, 4 Tassen Wasser,
2 EL Öl, 1 TL Salz,
(nach Geschmack - Zwiebel/Kardamomsamen,
Safran/Rosinen o. Petersilie).

In einem Topf 2 EL. Öl erhitzen, den Reis hinzufügen u. ganz leicht (nach Geschmack mit ½ Zwiebel o. ½ EL Rosinen) anbraten. Anschließend das Wasser u. 1 TL Salz dazugeben. Wenn das Wasser kocht, die Hitze herunterfahren u. den Reis bei geschlossenem Topf köcheln lassen, bis das Wasser verkocht ist. Zwischendurch mit dem Löffel prüfen, inwieweit noch Wasser vorhanden ist. Das Wasser muss vollständig verkocht und der Reis muss locker, körnig sein (probieren). Ist der Reis noch zu fest im Biss, 1-2 EL Wasser zufügen u. weitere 2-3 Min. köcheln. Meist reicht es aus, zum Schluss den Reis bei abgestellter Hitze nachquellen zu lassen.

Tipp: Dem Reis beim Kochen 3-4 Kardamomsamen beigeben. <u>Vor dem Servieren entfernen!</u> Ein wenig Safran o. Petersilie untermischen.

Mayonnaise

Eine selbstgemachte Mayonnaise ist die Krönung auf jeden frischen Salat. Sie ist auch die Basis, um schmackhafte Dips selbst herzustellen.

Zutaten
Für 150 ml

Speiseöl, heller Essig o. Zitronensaft, 2 Zehen Knoblauch (nach Bedarf), 1 Ei, 2 TL Senf, ½ TL Salz, frisch gemahlener Pfeffer, Zucker.

In einer Schüssel das Ei aufschlagen. Den Knoblauch, Senf, Salz, Pfeffer und eine kleine Prise Zucker dazugeben. Mit dem Handmixer das Ei pürieren und dabei langsam und in kleinen Mengen das Öl hinzufügen.

Wenn sich das Ei mit dem Öl verbunden und eine feste Masse gebildet hat, kann soviel Öl eingerührt werden, wie Mayonnaise gebraucht wird.

Abschließend einen TL Essig o. Zitronensaft beigeben und noch mal kurz mixen. Kühl aufbewahren.

Tipp: Für Kräuterdips, (alles frisch) Thymian, Oregano, Schnittlauch, Basilikum fein hacken und untermischen. Für den feurigen Dip, einen EL Chilipaste beigeben.

Roti Mauricien
(Fladenbrot á la Mauritius)

Ein einfach zubereitendes Brot, das köstlich schmeckt, wenn es warm angeboten wird. Ein leckerer Snack vor der eigentlichen Mahlzeit. Spécial a la Maurice.

Zutaten
Für zehn Brote

400 g Mehl, 250 ml sehr warmes Wasser, 2 EL Butterschmalz, 1 EL Speiseöl,
1 TL Salz, 1 TL Zucker.

Das Mehl, Salz und Zucker zusammen in eine Schüssel durchsieben. Anschließend das Butterschmalz, Öl und Wasser hinzufügen und solange kräftig kneten, bis ein fester Teig entsteht. Bei Bedarf Mehl o. Wasser beigeben. Den Teig 60 Min. zugedeckt ruhen lassen. Aus dem Teig zehn gleichmäßige große Kugeln formen und danach mit einem Nudelholz zu runden Fladen von ca. 20 cm ausrollen. Wenn der Teig am Holz klebt, Mehl einstreuen.

In einer eingeölten Pfanne o. Crepesplatte beide Seiten kurz anbacken und dabei mit Öl bestreichen.

Wenn der Fladen auf beiden Seiten kleine braune Blasen schlägt ist er fertig gebacken.

Damit die Fladen lange warm bleiben, eine Schüssel mit einem Küchentuch auskleiden, die Fladen hinein geben und zudecken.

Tipp: Sehr gut schmeckt es, wenn sie Gemüseachard darin einrollen oder mit ein wenig Fleischsoße füllen und auf der Hand essen.

Nachwort

Nun sind sie am Ende des Buches angelangt und ich hoffe, dass ich ihre Geschmacksnerven zur Genüge strapaziert habe und sie den ungezügelten Willen verspüren diese Gerichte unbedingt auszuprobieren.
Fangen sie an und lassen ihrer Fantasie freien Lauf.
Gut Kochen ist eine Kunst, die sie erlernen können.
Haben sie den Mut, mit den Gewürzen zu spielen.
Je mehr sie ihren Geschmack schulen, je mehr können sie ihm vertrauen.
Gesund essen ist eine Lebensphilosophie und fördert die Lebensfreude.
Ich wünsche ihnen viel Feingefühl für die Zutaten und ein gutes Gelingen für ihre Essen.
Chili und Knoblauch können sie individuell dazugeben, ganz nach ihrem Geschmack.
Wenn sie ihre Freunde zu einem exotischen Essen einladen möchten, sich aber nicht zutrauen diese Gerichte zuzubereiten oder keine Zeit zum Kochen haben, können sie uns kontaktieren.
Wir kommen gerne zu ihnen nach Hause und bereiten alles nach ihren Wünschen in ihrer Küche vor.

Platz für eigene Ideen